Contents

D1126922

Un

un chien

Il y a un chien.

un pull

Il y a un pull.

Deux

un chat

Il y a deux chats.

une chaussure

Il y a deux chaussures.

Trois

une fille

Il y a trois filles.

une chaise

Il y a trois chaises.

Quatre

un oiseau

Il y a quatre oiseaux.

un coussin

Il y a quatre coussins.

Cinq

un jouet

Il y a cinq jouets.

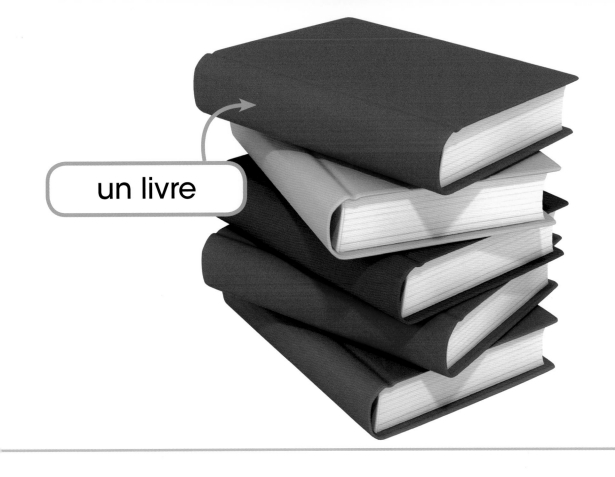

un livre

Il y a cinq livres.

un manteau

Il y a six manteaux.

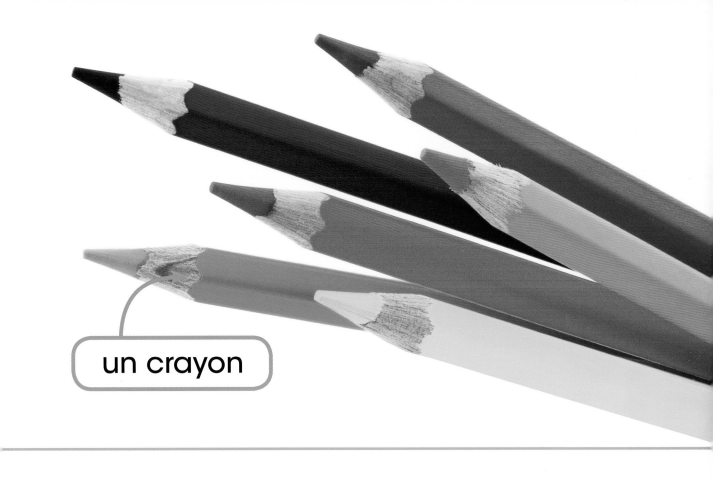

un crayon

Il y a six crayons.

Sept

une orange

Il y a sept oranges.

un biscuit

Il y a sept biscuits.

Huit

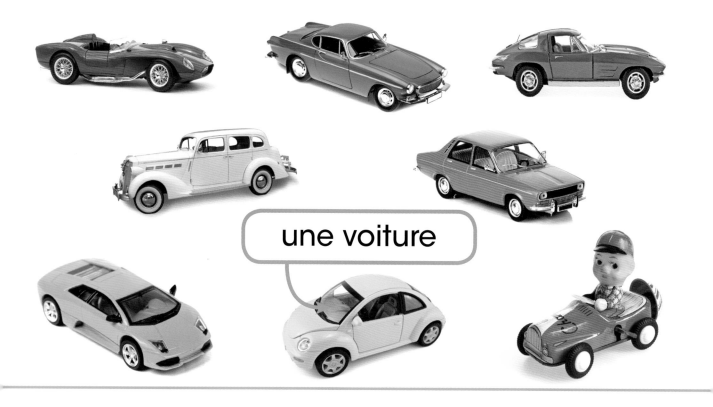

une voiture

Il y a huit voitures.

un chapeau

Il y a huit chapeaux.

Neuf

un ballon

Il y a neuf ballons.

une bougie

Il y a neuf bougies.

Dix

une pomme

Il y a dix pommes.

une fleur

Il y a dix fleurs.

Dictionary

French Word	How To Say It	English Word
ballon / ballons	bal-lon	balloon / balloons
biscuit / biscuits	bis-kwee	cookie / cookies
bougie / bougies	boo-gee	candle / candles
chaise / chaises	shez	chair / chairs
chapeau / chapeaux	sha-po	hat / hats
chat / chats	sha	cat / cats
chaussure / chaussures	sho-sur	shoe / shoes
chien	she-an	dog
cinq	sank	five
coussin / coussins	coo-san	cushion / cushions
crayon / crayons	kray-on	pencil / pencils
deux	duh	two
dix	deece	ten
fille / filles	feey	girl / girls
fleur / fleurs	flur	flower / flowers
huit	weet	eight

French Word	How To Say It	English Word
il y a	eel-ee-a	there is / there are
jouet / jouets	joo-ay	toy / toys
livre / livres	leevre	book / books
manteau / manteaux	man-toe	coat / coats
neuf	nuf	nine
oiseau / oiseaux	wa-zo	bird / birds
orange / oranges	or-onj	orange / oranges
pomme / pommes	pom	apple / apples
pull	pull	sweater
quatre	katre	four
sept	set	seven
six	seece	six
trois	trwa	three
un / une	un / oo-n	a
un / une	un / oo-n	one
voiture / voitures	vwa-ture	car / cars

Index

Notes for Parents and Teachers
In French, nouns are either masculine or feminine. The word for "a" or "one" changes accordingly—either un (masculine) or une (feminine).